Más allá de la Enfermedad

Concepción González

Reservados todos los derechos. No se permite la reproducción total o parcial de esta obra, ni su incorporación a un sistema informático, ni su transmisión en cualquier forma o por cualquier medio (electrónico, mecánico, fotocopia, grabación u otros) sin autorización previa y por escrito de los titulares del copyright. La infracción de dichos derechos puede constituir un delito contra la propiedad intelectual.

Ibukku es una editorial de autopublicación. El contenido de esta obra es responsabilidad del autor y no refleja necesariamente las opiniones de la casa editora.

Publicado por Ibukku
www.ibukku.com
Diseño y maquetación: Índigo Estudio Gráfico
Copyright © 2019 Concepción González
ISBN Paperback: 978-1-64086-333-0
ISBN eBook: 978-1-64086-336-1

ÍNDICE

INTRODUCCIÓN	9
ANTECEDENTES Y SÍNTOMAS IGNORADOS	12
SÍNTOMAS, LENGUAJE DE NUESTRO CUERPO	16
ESCUCHAR CON ATENCIÓN Y ATENDERSE	18
IGNORAR TRAE CONSECUENCIAS	20
COMPARTIR PARA AYUDAR A PREVENIR	23
ENFRENTANDO EL DIAGNÓSTICO	24
CÓMO PODEMOS APOYAR	26
EL DOLOR COMPARTIDO SE DIVIDE	28
HABLAR, HABLAR, HABLAR	30
HABLAR CON LA VERDAD	32
SE TÚ MISMO Y AMA	33
MOSTRAR NUESTRA VULNERABILIDAD	35
¿Y LOS PARIENTES DEL ENFERMO?	37
RESPONSABILIDAD DE MÉDICOS Y ENFERMERAS	39
NO TIENEN QUE HACERLO SOLOS	42
APROVECHAR CADA MOMENTO	43
ESTABILIDAD EMOCIONAL vs ESTABILIDAD FÍSICA	45

CREER EN QUE ¡TODO ESTÁ BIEN!	47
LA ESTANCIA EN TERAPIA INTENSIVA	49
LO MATERIAL TAMBIÉN ES IMPORTANTE	52
¿CÓMO ESTÁ EL ÁNIMO DEL ENFERMO?	54
¿PARA QUÉ ESCRIBIR ESTO?	55
ORACIÓN, ORACIÓN, ORACIÓN	65
Y DESPUÉS...	67

A mi familia, en especial a Alfonso y a mis hijos, con inmensa gratitud por su presencia en mi vida, los abrazo desde mi corazón.

Compartir con fe y fortaleza tantos momentos de angustia y dolor, hace evidente que el Amor, fue la esencia que nos mantuvo unidos.

A todos
los pacientes e impacientes, sanos y enfermos que tienen la necesidad de visitar un hospital, los invito a sacar de su vulnerabilidad, fuerza y luz que contagie e ilumine a otros.

Descubrir una forma más humana y amorosa de afrontar estas vivencias, no hubiera sido posible sin la participación involuntaria de doctores como Ramiro Bonifaz, Juanito Martínez, René Bourlón, Carlos Carballar, Varela, Pallares, Dra. Aída, así como la dulce y amorosa enfermera Dulce y otros médicos y enfermeras que demostraron el amor a su profesión.

Su devoción y entrega me dio la pauta del trato que uno espera y agradece. Gracias por ser leales a su vocación de servicio y profesión.

En memoria

De mis hijos, mis padres y hermanos, de mi Nani... Dios bendiga y recompense los momentos de soledad, tristeza y dolor que hayan sentido en su camino hacia Él, transformando en serenidad y paz, el penoso tránsito de quienes lo viven en abandono.

INTRODUCCIÓN

La inquietud de manifestar en un escrito el recuento de incontables cavilaciones y dramáticos pensamientos derivados de situaciones de enfermedad, nació al experimentar en carne propia, durante mi estancia en terapia intensiva e intervención quirúrgica por un tumor cerebral, lo que pudo haber vivido mi hijo Gerardo y todos los que irremediablemente pasan largos periodos entre médicos y hospitales.

Aunque este libro se gestó mientras imaginaba a Gerardo teniendo que soportar situaciones desagradables como las que yo estaba experimentando, no trata de él o de mi, sino de lo que podemos evitar durantela necesaria estancia en una clínica u hospital y de lo que debemos exigir para que ese tiempo sea lo más agradable y cómodo posible.

Si su lectura,logra hacer "más agradable", en lamedida de lo posible la estancia de las personas en un hospital y pueden sentirse mimados y comprendidos por médicos y enfermeras, podré decir que en este aspecto el plan divino se llevó acabo.

La salud debilitada o deteriorada provoca en la mayoría de los casos, quebranto no sólo físico, sino también emocional y espiritual. Desde que se presentan los primeros síntomas inicia el vaivén de emociones, sentimientos y reacciones derivadas: malestar, duda, negación, preocupación, llanto, enojo, angustia, súplica a la divinidad, pérdida de fe, reclamo, incertidumbre, confianza, tranquilidad... van y vienen debilitándonos a ratos, dándonos fuerza enotros.

Cuando la enfermedad permanece o se agrava, interminables momentos de estar ahí sin estar, se suceden, tanto en el enfermo como en quien lo acompaña.

Pretendo que este libro sea como una luz iluminando el camino desconocido, una guía que facilite a quien lo lea su proceso en situaciones de enfermedad y duelo.

Tenía ya varios meses escribiendo mi experiencia de tantos años de duelo pretendiendo compartir o tal vez aclarar tantas dudas e interrogantes que surgían sin posibles o acertadas respuestas. Quería encontrar explicación a lo sucedido y tal vez con ello dejar de pensar en tantos inútiles "si hubiera…" y ante mi impotencia Dios,como Padre amoroso y compasivo, me puso en una situación que venía a darle sentido a lo sucedido y a mí, tranquilidad acerca de tantos pensamientos y sentimientos de culpa que no dejaban de dar vueltas en mi cabeza.

El 27 de abril de 1999 fui internada para una histerectomía, en la cual, al parecer, todo salió como se esperaba, sin embargo a la semana siguiente mi estado anímico, coordinación y habla, estaban deteriorados.

¿Cuál era la causa?: Un derrame cerebral.

Posiblemente, según el médico que me operó, por el efecto de la anestesia se inflamó mi cerebro y al quedar oprimido, el tumor ya existente provocó la hemorragia y los síntomas descritos, que desencadenaron en un intenso dolor de cabeza y la pérdida del conocimiento.

A pesar de todo, estoy de acuerdo en que, desde la histerectomía todo fue "providencial" para la detección del tumor. ("Nada sucede por casualidad").

Los hechos me dieron respuestas a tantos "¿para qué?"... Entre otras cosas, pude vivir lo que sucede en ocasiones en los hospitales, y con algunos médicos y enfermeras en particular.

ANTECEDENTES Y SÍNTOMAS IGNORADOS

Volviendo a la enfermedad de Gerardo, todo inició ese agosto de 1989, se sentía muy cansado al regreso de un viaje a Mazatlán con sus compañeros de la escuela, a pesar de eso lo convencí de ir a Maeva con mi hermana Lupita y su familia; uno de sus hijos, Jorge, siendo su primo, era su mejor compañero y amigo.

Como lo relata en *Una Nueva Vida*, regresó sintiéndose peor y con fiebre, parecía un simple problema de ganglios y aftas producidas por la misma infección. No le di mayor importancia, quedarse en cama con los medicamentos que yo acostumbraba darle, lo curaría. Sin más preocupación mi esposo y yo con nuestros dos hijos chicos nos fuimos a Querétaro. Al día siguiente, Gerardo por lo mal que se sentía, decidió irse con sus hermanos mayores a casa de su papá.

Al regreso de nuestro viaje, me enteré del alarmante diagnóstico dado por el médico familiar y hablé por teléfono con Gerardo, no sé por qué, en ese momento supe lo que después de tres interminables y angustiosos días el especialista nos confirmó: tenía leucemia linfoblástica aguda.

Al saber de la enfermedad real, me invadió una sensación de vacío y culpa por haber evaluado tan a la ligera los síntomas iniciales. Aprendí con ello que ante cualquier malestar de nuestros hijos o también nuestro, debemos darles a ellos y a nosotros mismos toda la atención y el cariño que podamos. Tal vez eso sea suficiente para sentirse bien, pero si requiere de quedarse en cama o hay dolor constante, debe ser diagnosticado y tratado por un médico.

Hay molestias físicas persistentes que ignoramos porque nos acostumbramos a ellas o porque al tener un alto umbral de dolor les restamos importancia, sin embargo debemos estar conscientes de que, esa "simple molestia", puede ser la señal de alerta de algo mayor.

Hemos escuchado decir que nuestro cuerpo es sabio y en efecto, nos avisa por medio del dolor, que en esa zona algo está dañado o funcionando mal. Si prestamos atención a esas señales, la intuición puede darnos idea del origen del malestar y así buscar al médico capacitado para el diagnóstico y tratamiento adecuado.

En la mayoría de los casos, una cita con el médico de confianza, es suficiente para recuperar la salud; sin embargo, si eso no sucediera, pidámosle efectuar estudios de laboratorio e insistamos en ello aunque no los considere necesarios. Pudiera ser que nuestro médico, basado en el conocimiento que tiene de las enfermedades o malestares que con frecuencia padecemos, relacione con ellas nuestros síntomas actuales y tal vez, como en mi caso, lo que parece una recurrente colitis o problema de riñón sea en realidad de vesícula que deberá ser extirpada inevitablemente si no se detecta el mal con oportunidad.

En el caso de Gerardo consideramos que su malestar era uno más de los episodios infecciosos o reumáticos que se le presentaron desde pequeño, y lo mantuvieron siempre muy delgado, pero siempre dinámico, dedicado, divertido y muy amiguero.

Los padecimientos que se repetían, el estreptococo que a pesar de la cirugía no pudo ser erradicado, la secuela de polio de la que nos enteramos hasta su adolescencia cuando el ortopedista le realizó unos estudios, el hecho de que ha pesar de su buen apetito no lograba subir de peso... aun cuando eran señales de que algo no estaba bien en su organismo, los estudios regulares no mostraban nada alarmante, era un hecho que su sistema inmunológico se esforzaba, al igual que él, para levantarlo rápido de cualquier caída, y ni el pediatra que lo conocía desde su nacimiento ni nosotros pensábamos en algo más teniendo en cuenta su estado de ánimo, entusiasmo y comportamiento que lo mostraban como un joven deportista, alegre, responsable, animoso, entusiasta, buen estudiante y amigo... Independientemente de todo lo que pasó en cuestión de salud, amaba la vida y la disfrutaba con calma... porque su alma sabía que no era su tiempo de volver a casa...

Para mí, por lo experimentado, se que las frases que decía mi mamá: "te salvas del rayo pero no de la raya" o "nadie muere la víspera" son totalmente ciertas, entonces para qué preocuparnos por el momento de la muerte, mejor preocupémonos de hacer y vivir lo mejor posible en el camino.

SÍNTOMAS, LENGUAJE DE NUESTRO CUERPO

Llega a suceder que subestimamos los síntomas de lo que pudiera ser una enfermedad grave. ¿Cuántas veces achacamos malestares, depresiones, irregularidades, dolores de cabeza, etc., a la menopausia, pre y pos, al estrés, a la tensión, a la dieta, a nuestros días o creemos que los dolores de cabeza o estómago de nuestros hijos sólo son consecuencia de la asoleada, la enfriada, el exceso en la comida o por no comer, la manipulación o el chiqueo? y lo solucionamos rápidamente con la cucharada o típica pastillita y...

Así ignoramos los males muchas veces, automedicando o dejando inconclusos tratamientos de homeopatía, alopatía, acupuntura y todo lo recomendado; ¿cuánto tiempo dejamos pasar antes de buscar con seriedad y constancia la solución al mal que nos aqueja? Y eso no quiere decir que podemos cambiar el plan divino sólo que como mencioné antes, podemos hace más ligero y agradable el proceso.

En el caso de Gerardo pasaron casi dos años con diferentes y frecuentes males antes de ser detectada la enfermedad; en mi caso los dolores de cabeza, cansancio, estados de ánimo que variaban en instantes: depresión, ansiedad, histeria, euforia; formaban parte de mi vida diaria confundidos con diagnóstico de estrés y angustia excesiva, cuando pudieron ser causados por el meningioma que crecía desde años en mi cerebro, y el intenso dolor causado supuestamente por infección de riñón, en realidad provenía de la vesícula purulenta.

ESCUCHAR CON ATENCIÓN Y ATENDERSE

¿**P**or qué?, o más bien ¿para qué? como diría Gerardo, cuento lo anterior. Porque es obvio ahora que el sistema inmunológico de Gerardo no estaba bien, pero ¿cómo saberlo a ciencia cierta? Como me dijo el Dr. Maldonado cuando le hice la pregunta: "No es común pensar en una enfermedad grave ante esos síntomas, no con la referencia del historial médico de la familia y mucho menos común es mandar análisis de médula, que hubiera sido necesario para detectarlo".

Y... eran las piedras en mi vesícula las que en algunos casos ocasionaron los dolores, que creía síntomas de colitis.

Parece contradictorio si les digo que todo es perfecto y por otro que le pongamos atención para atenderlo, pero no lo es, porque efectivamente es perfecto porque está sucediendo para que aprendamos alguna lección que tenemos pendiente y ponerle atención es una forma de descubrir el para qué y atenderlo de la mejor forma posible por el bien mayor de los involucrados puede ser la prueba para aprobar la lección y cada acontecimiento diferentes temas del mismo aprendizaje pendiente.

Muy cierto es, que debemos confiar plenamente en las decisiones de nuestros médicos, sin embargo, la experiencia me dice que, cuando a pesar del diagnóstico, un síntoma, malestar o inquietud persiste, como pacientes podemos pedir se nos realicen estudios o ser canalizados a algún especialista recomendado por el mismo médico y si éste lo considera innecesario, entonces hacerlo por iniciativa propia. Si evitamos tomar la decisión para no herir al médico regresaremos a nuestra casa, a nuestras sensaciones y malestares tratando de convencernos de que sólo están en nuestra mente por lo que debemos luchar contra ellas, pero si lo que estamos evadiendo es lo que sentimos ante la enfermedad, dejarlo pasar no lo detendrá, al contrario, seguirá avanzando.

IGNORAR TRAE CONSECUENCIAS

Por supuesto que los pensamientos crean nuestras realidades, es por eso que debemos alejar de nuestra mente cualquier idea que nos cause angustia o miedo, incluyendo las relativas a pérdida de salud. Cuando tenemos por costumbre, pésima por cierto, aceptar, mantener y alimentar pensamientos negativos, no debería sorprendernos que nuestro cuerpo se vea afectado de una u otra forma; irremediablemente padecerá las consecuencias con males que si no son atendidos persistirán y seguirán empeorando, como cuando fui intervenida por la Colecistitis Litiásica Agudizada en la que me extirparon la vesícula ya con inicios de necrosis producida por la obstrucción del conducto biliar.

¿Podía haberse evitado la cirugía?, tal vez sí, pues transcurrió más de un mes antes de que me realizara un ultrasonido; un mes y muchos más antes de ese, en losque mis pensamientos recurrentes giraban alrededor de lo mal que me sentía físicamente, sin detenerme a pensar qué me quería decir mi cuerpo, ¿qué piedras en mi vida tenia que soltar?... Cuando la realidad duele es mejor cubrirla con ocupaciones y actividades sin embargo tarde o temprano tendremos que enfrentarla y sanarla porque la vida es ta buena maestra que buscará pacientemente diferentes maneras de presentarnos la lección hasta que la aprendamos.

Teniendo en cuenta que la vesícula inflamada provoca dolores reflejos, los síntomas fueron confundidos primero con la inflamación muscular a causa de una caída; después colitis con tratamiento correspondiente, pero el dolor persistía y en momentos se acrecentaba por lo que el médico pensó en una infección renal y me mandó un ultrasonido que al parecer lo confirmaba, hasta que el intenso y permanente dolor me llevó al hospital donde los estudios revelaron el verdadero problema y la urgencia de la operación.

Generalmente una cirugía o enfermedad grave no se presenta de un día para otro, el desequilibrio celular que la ocasiona se origina poco a poco, a veces desde años atrás; en ocasiones, eventuales estados anímicos positivos o tratamientos que fortalecen el sistema inmunológico lo detienen o restauran haciendo desaparecer todo síntoma.

Llegué a pensar que mi estado sumamente depresivo durante la gestación de Gerardo, pudo afectar su sistema inmunológico, de ser así ¿se podría prevenir o evitar?, ahora creo con certeza que sí, pues esa depresión era la manifestación de algo anormal en el funcionamiento de mi cuerpo... y de mi vida y aunque yo creo que en el plan de Gerardo y su proceso de trascendencia ya estaba la enfermedad terminal, nunca sabré si pude evitarle los otros padecimientos viviendo mi embarazo sin dejar que las circunstancias, ajenas a él, puesto que sí era deseado, afectaran mi estado de ánimo.

Por supuesto a diferencia de lo que yo hice, la futura mamá puede ofrecer al bebé una estancia plácida y un desarrollo saludable en su vientre si se hace consciente del importante papel que desempeña en la creació milagrosa de un nuevo ser y elige como prioridad disfrutar su embarazo decidiendo mantenerse tranquila y feliz, en la medida de lo posible, enfocada en ese maravilloso milagro desarrollándose en su interior, y... cuando al fin, tenga al bebé en sus brazos, contrarrestar los males con abundantes dosis de caricias, besos, abrazos, risas, alegría, muestras de aprobación y reconocimiento... esto, muy probablemente evitará urgencias médicas y antibióticos..

COMPARTIR PARA AYUDAR A PREVENIR

Quiero pensar en las experiencias que me han dejado sentimientos de culpa, no para atormentarme con ellas, sino para que al compartirlas, sirvan de alerta y tal vez prevenir males mayores a otros niños, jóvenes, o a sus padres.

Aún cuando procuraba a todos mis hijos, a Gerardo, por considerarlo frágil, lo cuidaba mucho más, ¿acaso la frágil era yo, reflejando en él mi vulnerabilidad, debilidad, miedo..? Frecuentemente proyectamos en nuestros hijos las carencias, debilidades o anhelos guardados y ocultos por creencias equivocadas acerca de lo que "debemos dar a los hijos", en mi caso abrazarlos y besarlos sólo por el gusto de hacerlo, no formaba parte de la imagen que yo tenía del amor materno. No siempre lo que damos a nuestros hijos es lo que necesitan.

ENFRENTANDO EL DIAGNÓSTICO

Supongo que como les ha pasado a muchos de ustedes, al recibir el diagnóstico médico me sentí como en un callejón obscuro, frío y sin salida. Por mi mente cruzaron muchas preguntas sin respuestas claras. A ratos pensaba en hacer muchas cosas y momentos después, en nada.

La primera acción concreta que pude realizar fue llamar a todos los familiares y amigos que vinieron a mi mente pidiéndoles que se pusieran en oración por el éxito del tratamiento y aprovechaba para solicitarles donación de sangre. ¡Se lo pedimos a cuantos pudimos! Estábamos decididos a lograr el triunfo con la ayuda de Dios. Aunque no sin temor, aceptamos el reto.

Puedo asegurarles, que dar apoyo y comprensión por medio de la oración es lo que se necesita para iniciar el largo y sinuoso camino que se vislumbra ante una enfermedad grave o cualquier momento difícil. Su fuerza se siente y ayuda a seguir adelante.

Se le internó por indicaciones del especialista hematólogo Ramiro Bonifaz para sobrehidratarlo y así poder iniciar el tratamiento de quimioterapia. A pesar de todo, y contrario a lo que se esperaba, su reacción fue sorprendentemente positiva. Arrastrando el tripié del suero se paseaba cantando por todo el piso del hospital, jugaba dominó con sus amigos, y hasta una bolsa de chocolates se comió sin que le provocara vómito o náuseas, aunque sí, malestar de estómago. ¡Estaba claro el poder de la oración! y lo que todos recibimos al compartirla.

CÓMO PODEMOS APOYAR

Las personas que creen que la manera de demostrar cariño e interés es hablando cada día para preguntar por el desarrollo de la enfermedad y el progreso de los síntomas, no saben lo doloroso y a veces incómodo que puede ser contestar sus cuestionamientos, sobretodo, cuando el enfermo puede estar cerca.

Por el estado de tensión que se vive, es fácil malinterpretar la intención y sentir que con morbo o poca fe sólo esperan confirmar las malas noticias que han anticipado. Si lo que queremos es dar muestras de cariño y apoyo la mejor forma es mantener la mente positiva, evitando preguntas acerca del avance de la enfermedad, mejor presentarse o sólo preguntar si necesitan ayuda para acompañar o llevar lo que les haga falta.

Con el transcurso de los días en momentos yo sentía la necesidad de evadir mi realidad o en otros hablar de ella, llorar, desahogarme. Buscaba quién pudiera quedarse con Gerardo a ratos, para salir a hacer algunas compras, tomar un café de vez en cuando o simplemente relevarme estando con él un rato.

Es fácil y frecuente olvidarse del sentir de las personas que rodean al enfermo, sin embargo que importantes y valiosas son las muestras de cariño y apoyo de quienes comprenden que ellos también las necesitan.

EL DOLOR COMPARTIDO SE DIVIDE

En la familia apenas se tocaba el tema de la enfermedad, cada uno de nosotros hasta su muerte y sobretodo después, se guardó lo que sentía. Tal vez, cada quien a su modo, queríamos convencernos de que todo estaba bien y dar ánimo a los otros para poder continuar, sin pensar en las consecuencias negativas que esto traería a nuestra vida personal y de familia. Grave error, porque ese dolor reprimido, ese duelo no vivido y compartido, deja un sentimiento de pérdida que alojado en alma y mente pueden atraer, como en nuestro caso, otras pérdidas.

A partir de la muerte de Gerardo en 1990, año tras año nos enfrentamos a lo que parecía ser la secuela de la pérdida no procesada; intervenciones quirúrgicas, un sinnúmero de consultas, pruebas de laboratorio, radiografías, tratamiento de fracturas, esguinces, terapias, etc., situaciones que desencadenaron inestabilidad emocional, familiar y económica.

Así sobrevivimos diez años sintiendo angustia y miedo ante la posibilidad de otra pérdida irreparable, entrando y saliendo de hospitales por una fisura de

Alfonso, la apendicitis, mononucleosis y convulsiones de Israel, el engrosamiento de cuerdas vocales que a Gabriela le dificultaba hablar, la hernia inguinal de Gustavo, apendicitis de David y al final yo con dos cirugías, la histerectomía y a los quince días la extracción de un tumor cerebral. Fue casualidad o podemos demostrar que los pensamientos y sentimientos persistentes, en este caso centrados en la enfermedad, atrajeron más de lo mismo en la intensidad necesaria para el aprendizaje correspondiente, y yo creo que podían haberse evitado expresando oportunamente las emociones.

HABLAR, HABLAR, HABLAR

Hablen, …de la enfermedad, …del dolor, …del miedo, pero siempre con la esperanza y seguridad de que todo es perfecto y pasará aún cuando se hable de la posible partida.

Lloren juntos, vivan el proceso de la enfermedad compartiendo sus sentimientos, sánense mutuamente hablando de lo que los atormenta, de las imágenes de lo que podría pasar y sus consecuencias, de todo lo que venga a su mente. El silencio es como cerrar una herida sin desinfectarla antes, seguirá supurando hacia adentro y con el tiempo habrá consecuencias difíciles de superar.

La muerte es inevitable y cada quien tiene su momento exacto inamovible y desconocido, entonces hablar de esa posibilidad es ser realista, no pesimista y mejor estar conscientes de ello sin perder la fe ni la esperanza.

Si llegara el tiempo de la despedida, aceptarlo como el más alto bien para quien parte, es una forma de hacer patente nuestro amor y honrar su memoria.

Después, recordándolos con amor y alegría, hablar de ellos viéndolos sanos, reviviendo sus anécdotas felices. Hablar puede transformar la pérdida en una experiencia que, aunque muy dolorosa e inolvidable, nos impulse a seguir adelante. Al evocar momentos y recuerdos felices seguramente descubriremos que hay algo más detrás de la experiencia misma y mantendremos viva la esperanza de una vida nueva en un mejor lugar donde, quienes partieron, ya disfrutan de salud, paz y el amor de Dios, desde donde nos ven, escuchan y comparten nuestro amor por ellos.

HABLAR CON LA VERDAD

Durante la enfermedad es una grave equivocación tratar de aparentar que no hay motivo para preocuparse, nadie mejor que el enfermo conoce la gravedad de su padecimiento.

Tratar de ocultar nuestros temores haciendo creer que todo esta bien puede enviar un mensaje contrario a lo que el enfermo espera y necesita en ese momento, nuestra actitud aparentemente despreocupada tal vez le haga sentir que no le damos importancia a lo que le pasa.

Mejor decir: "nada hay más importante que tú y aquí estaré para atenderte hasta que te recuperes", "estoy preocupada, pero juntos lo superaremos día a día"...

Hablen, con su enfermo de lo que sienten, de sus miedos que seguramente son compartidos, de las diferentes opciones y posibilidades, de lo que quiere y necesita, mantengan viva la esperanza y el ánimo arriba.

SE TÚ MISMO Y AMA

Ahora sé que para dar ánimo al enfermo sólo se necesita demostrarle nuestra preocupación y cariño acompañándolo con paciencia y atención. Ignorar la verdad o fingir fortaleza puede percibirse como falta de interés e indiferencia por el padecimiento.

Es necesario platicar con ellos de su enfermedad, de la opinión de los médicos, de sus miedos e inquietudes.

El enfermo necesita saberse escuchado y comprendido cuando comparte sus sentimientos y sensaciones, sentir que no está solo porque recibe apoyo, consuelo y fuerza para enfrentar su realidad.

No repriman en ningún momento sus expresiones de amor. Un abrazo, tomarle la mano sin decir nada, una tierna caricia, frases como: "te amo", "no tengas miedo, estoy contigo", "lo lograremos juntos", "apóyate en mí", "si te sientes caer, suéltate, yo estoy aquí para sostenerte", "dime cómo te sientes, trataré de entenderlo", y tantas otras, simples y de corazón, pueden ser la mejor medicina, o el mejor antidepresivo.

Evitemos las frases que pueden causar un efecto contrario como los: "tú puedes", "échale ganas", "es normal que sientas eso", "ya ves, te lo dije", "no tienes nada", "lo dijo el doctor", "tienes que…", "si supieras cuánto gastó", "ya no te quejes", "me pones nerviosa", "estoy agotada", "no puedo más" y otras más. El enfermo, necesitado de paciencia y cariño, lo puede interpretar como:"le desespera mi enfermedad", "soy una carga", "sólo se siente obligado", etc.

MOSTRAR NUESTRA VULNERABILIDAD

¿Por qué nos esforzamos en minimizar o ignorar muchas veces los síntomas no sólo de malestar físico, sino también emocional?

¿Cuántos de nosotros evitamos mostrar nuestro lado débil?, tal vez porque aceptar el dolor en su justa dimensión implica reconocer la realidad que no queremos ver, nos compromete a interesarnos, a estar ahí dónde y cómo se nos necesita... entonces evitamos quedar vulnerables ante el hijo, el esposo, la madre, pensamos que podrían abusar y tratar de manipular, pero... ¿no es esa, precisamente, la mejor forma de expresar nuestro amor y tal vez aliviar con él al hijo, padre, madre, cónyuge?

Gran diferencia sentirá nuestro enfermo si en lugar de tratar de convencerlo de que su enfermedad no existe, la aceptamos y mostramos tranquilidad y empatía para ayudarle a superarla, dispuestos a sobrellevar también sus cambios de ánimo y temperamento.

Después de un tiempo, cuando al parecer la enfermedad ya está olvidada, sigamos dando amor con paciencia. No nos engañemos pensando que nuestro enfermo ya está recuperado porque "trata" de retomar su vida normalmente, tal vez está haciendo un gran esfuerzo y por lo tanto requiere aún más apoyo y comprensión.

¿Y LOS PARIENTES DEL ENFERMO?

¿Cuántos médicos se preocupan también por el sentir de los parientes del enfermo? ¿Cuántos de nosotros lo hacemos? Con el transcurso de la enfermedad, el médico puede dar noticias alarmantes, desalentadoras, preocupantes... ¿Con qué posible ecuanimidad podrá recibirlas la madre, el hermano o el esposo?... Démosles en esos momentos una mano que apretar, un hombro donde llorar, un abrazo que conforte, compañía en el silencio.

Durante mi estancia en terapia intensiva yo me mantenía tranquila, pero afuera, por lo que supe después, los días eran interminables y las noches eternas para mi esposo y mis hijos. Tan sólo escuchar su relato me oprimía el corazón. Tratar de imaginar lo que habían vivido, así como saber de las constantes muestras de apoyo y cariño me provocaba lágrimas y un hueco en el estómago; ahora al recordarlo me siento conmovida, con profundo agradecimiento a Dios primero y hacia mis hijos y esposo por su fortaleza, por permanecer unidos, por su amor, por estar ahí confirmando la grandeza de su ser.

Si para nosotros no fue fácil, cómo será para los que en las salas de espera de tantos hospitales, se encuentran solos, expectantes, alentando a veces vanas esperanzas, sin el consuelo que da la confianza en Dios y la compañía de otras personas. Compartir con ellos algunos momentos, haría los nuestros menos apesadumbrados y eternos.

RESPONSABILIDAD DE MÉDICOS Y ENFERMERAS

Cuando mi neurólogo se presentó a decirme lo del tumor y la operación, trataba de hacerlo con el mayor tacto posible sin saber que yo escuchaba cuando le leía a mi esposo los resultados de la Resonancia Magnética cerca de donde yo me encontraba supuestamente sedada: (copia parcial textual... presencia de una lesiónocupativa frontal izquierdo..., permaneciendo la porción central en reforzamiento, cuyas dimensiones son de aproximadamente de 25 x 23 x 28 mm y que produce una amplia zona de edema en el lóbulo frontal izquierdo,... con colapso parcial del ventrículo izquierdo y rechazamiento hacia la derecha.) y después las preguntas y comentarios poco esperanzadores: "logrará desinflamarse?", "¿habrá causado daño el derrame?", "¿tumor benigno o maligno?", "¿coma?", "¿paraplejia?", "¿pérdida de memoria?", "¿sin habla?", etc.

Pudiera ser, que aún en la inconciencia física permanecemos conscientes, o algunos de nuestros sentidos siguen activos y por eso pude percatarme en varias ocasiones de actitudes y comentarios de algún "médico" que en tono de enfado se refería a uno de sus pacientes graves y sus familiares, o los frecuentes de fastidio y regaño de algunas enfermeras por las molestias "que les damos". Acaso, ¿no debe ser por vocación de servicio que se estudia esa carrera?

¡Sería muy bueno que los verdaderos médicos, que gracias a Dios hay en los hospitales, trasmitieran a sus colegas y demás personal que si no es por vocación, como prestadores de un servicio es su obligación interesarse más en el trato especial que debe recibir cada paciente como persona que es y no sólo por cubrir su horario de trabajo en un oficio como cualquier otro por la remuneración económica.

Ahí, con mucha tristeza, llegué a preguntarme si Gerardo también habría estado expuesto a eso y sentí rabia e impotencia al pensar que seguramente así había sido y no pude o no puse la atención debida para evitarlo. Suele suceder que como acompañantes o familiares, pensemos más en lo que nosotros estamos sintiendo que en el sentir o necesitar de nuestro enfermo.

El médico responsable debe tomar todas las precauciones para no exponer a su paciente a situaciones como esas. Aún cuando es nuestro médico y confiamos en él, ademas de aceptar con plena confianza sus indicaciones y tratamiento, podemos pedirle si lo consideramos conveniente, dar las instrucciones necesarias a quiénes tratarán con el paciente.

También es importante pedirle que sólo sea él, quien hable de la enfermedad y sus síntomas con su paciente. Al respecto, pensando en el impacto generalmente negativo y de derrota anticipada que puede causar en un joven saber que tiene una enfermedad grave, acordamos no decirle a Gerardo el nombre, pero sí el proceso y las consecuencias de la misma, sin embargo, por la falta de información o de indicaciones claras al personal, cada ida al hospital significaba doble angustia pues tenía que estar cuidando a cada nuevo médico o enfermera que entraba para evitar las preguntas que invariablemente querían hacerle acerca de su enfermedad y a más de uno tuve que interrumpirlo, dejando con esto más inquietud en Gerardo. Es poco humano ese trato metódico, según los procedimientos acostumbrados, sin darse tiempo para conocer más de cerca a la persona, sus miedos y necesidades.

NO TIENEN QUE HACERLO SOLOS

Después de la remisión, una fuerte recaída hizo necesaria la Radioterapia. Mientras lo radiaban me pasaron con el médico responsable; me habló acerca del tratamiento y sus consecuencias; me dijo que una psicóloga platicaría con él para ayudarle a manejar su enfermedad y superar los síntomas. Le expliqué el control que ya tenía Gerardo sobre ellos, tal vez por el desconocimiento del nombre de la misma y le expresé mi deseo de que así continuara.

Al salir, cuál sería mi sorpresa y angustia cuando me dicen que siguiendo con el protocolo acostumbrado ya estaba con la psicóloga. Entré molesta y nerviosa a su consultorio, ahora sé que el miedo me invadió y sin más explicaciones lo saqué de ahí. Me sentí muy mal al no saber si había hecho lo correcto. ¡Qué impotencia y soledad se vive en momentos como ese! Cómo nos hubiera ayudado a los dos la presencia de su médico y en todo caso la de algún familiar o amigo que nos diera su apoyo.

APROVECHAR CADA MOMENTO

Hay situaciones en las que preferimos alejarnos del dolor de un ser querido. Un buen pretexto es mantenernos ocupados en otra cosa, sin embargo ese precisamente, es el momento de demostrar nuestro cariño.

Esa presencia y compañía, es lo que necesita tanto el enfermo como la mamá, el papá, el hermano o cualquier persona que está con él, cuidándolo, sufriendo por su dolor, sintiendo frustración por su lucha sin mejoría, impotencia por su incapacidad para lograr el milagro que espera...

Pocas son las personas que se sobreponen a su propio dolor acompañando y compartiendo su tiempo, persona y fortaleza con quienes viven por amor, necesidad u obligación el verdadero drama, sin importar la razón, el sentirse apoyado hace más fácil la tarea.

Cuando algunos miembros de la misma familia, prefieren mantenerse alejados el mayor tiempo posible, ¿lo harían si supieran cuánto se les necesita?, ¿Estarían ahí si supieran cuánto bien hace su presencia y sus palabras de ánimo?... ¿Por qué no se los decimos? Si nos adelantamos a adivinar una respuesta negativa, tal vez, a pesar de ella debemos pedir ayuda dando la oportunidad a las personas de saberse importantes en ese proceso y con ello es muy probable que hagan lo posible para brindar el apoyo que se les solicita. Démosles y démonos a nosotros mismos lo que nuestro espíritu y corazón necesitan en momentos de incertidumbre y aflicción.

ESTABILIDAD EMOCIONAL vs ESTABILIDAD FÍSICA

Buscar la estabilidad emocional y espiritual del enfermo es tan importante como lograr su estabilidad física y energética, hasta puedo creer por experiencia que, si emocional y espiritualmente estamos sanos y fortalecidos, más fácilmente se superará el desequilibrio físico o se enfrentará con mejor ánimo y energía.

En ocasiones por inseguridad y miedo a interferir en los procedimientos que creemos convenientes, dejamos que internos y enfermeras insensibles, cumplan con su rutina y aprendizaje sin poner atención a que independientemente de las revisiones y chequeos, con sus preguntas y comentarios pueden causar inquietud y más dolor a quien amamos. No debemos permitir que eso suceda ya que sólo nosotros sabemos lo que ellos necesitan y ante enfermedades graves su estado emocional es sumamente importante para su posible recuperación.

Los médicos internos deberían abstenerse de hacer comentarios durante la visita a los enfermos, guardar sus conclusiones para las aulas, no delante de los pacientes, su interés académico raya en imprudencia y falta de humanidad la mayoría de las veces. Tenemos derecho de exigir se eviten las visitas de aprendizaje o no hablar con o de nuestro enfermo delante de él. El médico responsable de su salud debe hacer lo necesario para cuidar también su integridad emocional y dar indicaciones pertinentes al respecto.

CREER EN QUE ¡TODO ESTÁ BIEN!

A pesar de todo, podemos agradecer a Dios de antemano por la sabiduría de los médicos que, en situaciones críticas, pone en nuestro camino, ante todo si son humanos y comprensivos; sin embargo, es bueno saber que también podemos encontrarnos con alguien que simplemente cumple con el "trabajo para el que fue contratado" y si muestra poco interés en lo que nos sucede, posterior a lo que supone una exitosa operación o en la convalecencia, buscar a alguien que sí nos dará la respuesta o tranquilidad que necesitamos.

Entonces para prevenir sorpresas y disgustos, se debe preguntar al médico desde el inicio, hasta donde llegará su responsabilidad y si podrán contar con él en caso de presentarse algo inesperado, ya sea derivado o ajeno al tratamiento o intervención acordada.

Ciertamente, no todos los médicos consideran y practican su profesión con vocación de servicio, sin embargo, pensar que todo lo que vivimos tiene una enseñanza, puede ser el ¿para qué? que le da sentido a la experiencia, por difícil que parezca.

Desafortunadamente en algunos casos, por acostumbrarse al dolor que ahí se vive o por falta de personal comprometido con su carrera, la atención se vuelve mecánica y hasta deshumanizada. Gerardo en tono de broma hablaba de eso como el trato "especial" de las enfermeras.

LA ESTANCIA EN TERAPIA INTENSIVA

Padezco de mala circulación, por lo cual las medias elásticas que me ponían, al cabo de un rato me causaban malestar en las piernas; con algo de esfuerzo lograba quitármelas, pero si estaba en turno la sargento malacara, apenas lo notaba me las volvía a poner a pesar de que, como podía le hacía entender que me lastimaban; gracias a Dios también me tocaban verdaderas enfermeras que comprendían mi malestar y hasta masaje me daban en las piernas.

Un día llegó una haciendo muchas preguntas, me explicó que había sido reubicada temporalmente y desconocía el movimiento de ese hospital; si tenía suerte alguna de las "compañeras" de planta la orientaban y si no dejaban que los pacientes sufriéramos las consecuencias. En la calma general que yo sentía, ella logró ponerme nerviosa ya que cada vez que me veía con los ojos abiertos, iba por una ampolleta café, supongo que era un sedante, y la inyectaba en el suero, ¡y yo sin poder hablar!, (una de las consecuencias del tumor), así que me esforzaba para no dormir por miedo a no despertar, aunque seguramente la ampolleta hacía su efecto o no era un sedante, nunca lo averigüe pero me mantuvo estresada mientras estaba ella de guardia.

Tampoco sé a ciencia cierta por qué me mantenía despierta gran parte de la noche, pero las horas me parecían eternas y era cuando me percataba del poco interés que algunas enfermeras y médicos internos ponen en los pacientes:

Una de ellas aprovechaba su turno para reunir con gran algarabía a los médicos y compañeras y llevar a cabo la compra-venta de todo lo posible.

En ocasiones cuando alguno de los pacientes despertaba y solicitaba atención, la enfermera que se quedaba de guardia, aunque no por ello despierta, le exigía "descansar"; si el paciente insistía, lo ignoraba el mayor tiempo posible hasta que era inevitable llamar al médico, quien por ser despertado, se presentaba con poco agrado.

Ese desamor y falta de compromiso con la profesión que eligieron, seguramente en mayor o menor grado, lo viven diariamente los que pasan días y noches en Terapia Intensiva, indefensos, alejados de quienes si quieren y procuran amorosamente su bienestar.

Es justo señalar que no todo es infrahumano, también ahí encontré, aunque pocas, enfermeras cuya actitud es todo lo contrario a lo descrito, y merecen esta mención aún sin saber sus nombres, como homenaje a su entrega.

Como ellas, todavía después de tantos años, el recuerdo de "Dulce" permanece en mi corazón, enfermera que hizo honor a su nombre en el trato amoroso que dio a Gerardo.

LO MATERIAL TAMBIÉN ES IMPORTANTE

Cuando permanecemos en un hospital por varios días, generalmente centramos nuestra atención en lo que se necesita para sentirnos bien y recuperar la salud, ya sea nuestra o de la persona que acompañamos, entonces no le damos importancia a cuidar la bolsa, el celular o cualquier cosa que necesitamos o llevamos para hacer más llevadera la estancia ahí, podría decir que ni siquiera pensamos en que alguna enfermera o personal de servicio puedan tener malas intenciones o se aprovechen de la situación. Sin embargo es factible sufrirr obo de pertenencias dejadas en la habitación, puede suceder en cualquier momento, mientras salimos para permitir la revisión al paciente, o dar libertad para la limpieza, o como nos paso a nosotros, mientras a petición del camillero lo acompañamos al área de radiología para efectuarle estudios. Pueden hacerlo ocultando lo robado entre las sabanas o artículos médicos...

Piensan que es imposible, no lo es y es importante compartirlo pues es la parte que olvidamos ante nuestra aflicción y aprovechada por personas que estando también en los hospitales constituyen una fría y deshumanizada organización que espera el momento oportuno, conocido y bien planeado para afectar, también en lo material, a los familiares de lospacientes.

Una pérdida material, sin importancia comparada con las otras, se suma a la cuenta y nos hizo darnos cuenta de que desafortunadamente, aún en esas instituciones, hay personas que se aprovechan de la vulnerabilidad en que nos encontramos por la angustia y el dolor.

Por seguridad, no dejemos solo al paciente y menos si está dormido o con la recomendación de que pueden llamar a la enfermera si necesitan algo; pues también hay enfermeras insensibles, sin vocación de servicio o con falta de integridad y sobre todo...

Nunca salgan de la habitación dejando objetos de valor en ella, ni para tomar aire, caminar un poco o ir a la cafetería mientras nuestro paciente esta en cirugía o estudios; no conocemos la honradez e intenciones del personal que puede entrar en esos momentos.

¿CÓMO ESTÁ EL ÁNIMO DEL ENFERMO?

Durante los meses que duró su enfermedad, el ánimo de Gerardo oscilaba entre sus diversas etapas. Pasaba en un momento de la depresión al enojo, del llanto a la tranquilidad, de querer ser consolado y tomado en cuenta, a confortar a quienes veía preocupados. En ocasiones no quería ver a nadie y en otras lloraba porque no lo visitaban. Sobre todo al principio renegó, sin embargo, siempre estuvo en la búsqueda de respuestas y el ¿para qué le estaba sucediendo eso?.

Los tratamientos de quimioterapia se los ponían en la casa y un sábado de tantos le comentó a su médico, el doctor Bonifaz, que ya no necesitaba el tratamiento porque él ya estaba curado. El doctor insistió en ponérselo, a lo que Gerardo contestó: "para su tranquilidad dejaré que me lo ponga".

Cuando el doctor se había ido, me dijo: "mamá, ya sé para qué estoy enfermo; para que los médicos que me tratan conozcan el poder que tiene la oración". Esas palabras me dejaron sorprendida. Me sentí muy orgullosa de Gerardo aunque triste por su dolor. Por él teníamos que continuar con más ánimo y fe que nunca.

¿PARA QUÉ ESCRIBIR ESTO?

Como lo mencione al principio, el principal objetivo es compartir las vivencias que, así como a nosotros nos sirvieron de aprendizaje, pueden ser guía y luz en el camino de quien las lea:

Si la enfermedad de Gerardo fue, como él decía, la respuesta a su pedido de una enfermedad grave para demostrar de lo que era capaz, entonces es real el poder de nuestros pensamientos o tal vez en su caso, esos pensamientos fueron inspirados por el Ser Superior en cuyo plan perfecto estaba utilizar su proceso como enseñanza; sin lugar a duda demostró la fuerza que da el poder de la oración y la Fe en momentos como esos. ¡En todo caso logró lo que quería! Pero no porque lo quisiera, sino porque era parte de un Plan perfecto acordado con Dios desde antes de su nacimiento.

Yo también en crisis depresivas pedía a Dios que ya me llevara, por eso pensé que el diagnóstico de mi primera operación era la respuesta a mis peticiones y, descubrí en ese momento que en realidad no quería morir... ahora ¿cómo podía quejarme o pedir lo contrario? más bien, tenía que dar gracias al Señor por haberme escuchado. Estaba segura que había llegado mi hora, lloré mucho y traté de aceptarlo así, aunque pensaba en la posibilidad de otra oportunidad para seguir.

Cuando desperté agradecí infinitamente estar viva, aunque no sabía que era sólo la prueba, pues ya estaba planeada en la mente de Dios una segunda operación, mucho más grave y delicada; no tuve tiempo de pensar en nada, cuando tuve plena conciencia ya estaba en terapia intensiva.

Durante cuatro días solamente "estuve" ahí, no quería pensar, ¿en qué, qué caso tenía pedir algo a Dios?, ¿qué?, ¿para qué rezar?, ¿para qué rogar? Me decían "¡échale ganas!" como siempre le dijimos a Gerardo.

¿Él también pensaría, ¿puedo hacerlo?, ¿vale la pena? Ahora sé que no hay forma, no lo pensaba conscientemente pero creía en ese momento que Él decidiría por mí y si ese era el fin, lo sentía sin dolor o emoción, algo extraño y difícil de explicar.

Tal vez algo así, fue lo que Gerardo sintió en los últimos días en los que a pesar de su estado, estaba tan tranquilo, en paz, como esperando. ¿Por qué, a pesar de su fe no se quedó y yo sí? "Dios no cumple caprichos, ni endereza jorobados", gran verdad comprobada, sin embargo con respeto a nuestro libre albedrío, se mantiene a nuestro lado amorosamente, nos sostiene en los tropiezos, nos levanta en las caídas y no permite que suceda más de lo que debe suceder.

En ese entonces una de las preguntas que me hacía con frecuencia era: "¿Debimos haberle dicho lo que tenía? ¿Hubiera servido para que supiera contra qué debía luchar?. Ahora respondo a esas preguntas con algo que me consuela: "La voluntad de Dios va de acuerdo a su Sabiduría, Él no se equivoca" y aunque supuestamente tener Fe del tamaño de un grano de mostaza la puede cambiar, creo que sólo es válido si a la persona le conviene. Por lo tanto, pienso que lo que pasó fue lo mejor para Gerardo y todo lo que el Padre permite en nuestras vidas es perfecto y para nuestro bien aún cuando de momento no lo aceptemos o comprendamos.

Siempre habrá señales en el camino hacia nuestro destino a pesar de que en muchas ocasiones por el trabajo que requiere ponerles atención y seguirlas o por el dolor que conllevan, preferimos hacernos ciegos y sordos a ellas.

Cuando tuvo la recaída, buscando algo que lo motivara para continuar y le diera fuerza, encontré un libro que le habían regalado, Jesús Vive, y al hojearlo me detuve en la página 29 y leí lo siguiente:

"Después de haber saboreado la alegría del Domingo de Ramos, ¿no te parece normal probar algo de Semana Santa? Esta palabra me sanó interiormente. Desde entonces veo los problemas de una manera distinta y en completa paz. Cuando las cosas van bien, digo: "Estamos en Domingo de Ramos". Si hay dificultades, simplemente digo: "Estamos en la Semana Santa". De todos modos, la Pascua no está lejos, Gloria a Dios. El Señor antes de llevarme al Calvario me hizo probar la gloria del Tabor. Pero no me dejó hacer allá mi tienda, sino que me bajó y me participó de su cruz. El Señor, antes del dolor, nos da su amor y cuando nos ama nos regala la cruz. La cruz es el regalo de Dios para quienes ama. La cruz antes de experimentar el amor de Dios no se entiende ni se puede aceptar".

Dato interesante y no creo que haya sido coincidencia, estábamos en Cuaresma por lo que al terminar de leer sentí tranquilidad y pensé: Dios está diciéndome que esto terminará y será con bien. Ahora estamos en la época de compartir la Cuaresma con Cristo, pero al final vendrá la Pascua y Gerardo sanará.

La fuerza y seguridad que esta lectura me dio, sólo Dios lo sabe. Debíamos continuar la lucha con la esperanza del Triunfo, pero este camino fue más doloroso y lleno de obstáculos que el anterior, con caídas constantes pero con más deseos y fuerzas para volvernos a levantar.

Para los demás miembros de la familia, tal vez no estaban tan claras las razones de la calma y ni nuestra actitud optimista; nos aferrabamos a lo único que nos podía dar una respuesta o un consuelo, así como fuerza y tranquilidad: la fe en Dios. Todo estaba en sus manos, sabíamos que su voluntad era la que se cumpliría, aunque siempre con la esperanza del milagro que haría que su voluntad fuera la nuestra, ahora estoy cierta que en realidad lo que creemos su voluntad es en realidad respeto a lo pactado libremente con Él antes de nacer.

El milagro se realizó en Gerardo, irradiaba paz, «sintiéndose bien» a pesar de todo; y ahora ya estaba sano, viviendo una nueva vida inimaginable para nosotros, se cumplió el Plan.

Creo que a fin de cuentas, analizando algunos hechos de esos meses, su alma sabía lo que iba a suceder y lo preparaba para el dichoso retorno a la casa del Padre, por eso estaba tranquilo y tratando de darnos serenidad y consuelo. Siempre tenía las palabras de aliento y esperanza que yo necesitaba escuchar. Él fue el que mantuvo en mí la Fe y la Esperanza y puedo asegurar que en todos, ya que a partir de su recaída en febrero, evitaba mostrar su dolor.

"A partir de ese momento, en la medida que su fuerza física disminuía, su fuerza espiritual aumentaba. Agradecía por cada día soleado o lluvioso, disfrutaba de la vista de las nubes, de las hojas del árbol cuando el viento las movía, de la puesta del sol, de todo. Le aburrían los pensamientos y pláticas "vacías" de quienes lo visitaban; le enojaba el desperdicio de tiempo de quienes pudiendo hacer lo que él no podía, preferían estar durmiendo o viendo la televisión. Orar, meditar y cantar eran sus pasatiempos favoritos. Oraba comunicándose con los cuatro fantásticos (DiosPadre, Jesús, María y el Espíritu Santo), como quien cuenta a su mamá o a sus amigos todo lo que le sucede, pidiéndoles consejo, ayuda o dándoles gracias por lo ya recibido.

¡Sencillísimo!

Yo casi puedo asegurar que la Gracia de Dios envuelve a quienes les llega la hora de partir y los prepara para ese momento. Por eso se dan las visitas sorpresivas, encuentros inesperados después de años de no verse, llamadas, pláticas relativas a la muerte, y otras supuestas casualidades que se comentan en los velorios o después de que la persona fallece:

- Poco tiempo antes de la muerte de mi mamá, ella comentaba haber estado platicando o ver a quienes ya habían trascendido, hasta de una persona de la que no sabía su fallecimiento.

- El día anterior al accidente fatal de mi hijo Israel, por la tarde pasó por el cementerio en el que dos días después sería sepultado y le comentó a quien lo acompañaba que le gustaba ese lugar, pues no parecía panteón y posteriormente en la noche platicaba que su hermano lo había visitado mientras veía una película que «curiosamente» trataba de una persona que donó su corazón después de morir en un accidente.

Nunca, es una palabra cuyo significado raramente es literal a excepción de usarla para decir que NUNCA debemos dar por hecho que las personas estarán ahí al día siguiente, en una hora o por la tarde. Aprovechemos la riqueza de su presencia y lo que podemos darles HOY, antes de perder la última oportunidad para hacerlo.

Hay que tener presente las necesidades afectivas y de «apapacho» que pueden dar a nuestro ser querido, el aliento y motivo para mantenerse estable; es muy probable que oculte sus momentos de desesperación y angustia, sus dolores, su falta de ánimo, su depresión… y nos convenza de que ya pasaron o que no los tiene, pero aún así le haría mucho bien sentirse amado por él mismo no por su enfermedad.

No puedo ni imaginarme lo que sentiría con el cáncer invadiendo su médula. Debía tener dolores muy intensos ya que no podía ni siquiera escribir, moverse y mucho menos caminar. No sé qué pasaba por mi mente en ese entonces, pero tal vez, era mi mecanismo de defensa el que me hacía creerle que se sentía bien, así yo también me sentía mejor. O tal vez, verdaderamente ese era el milagro que se cumplía en él por las oraciones.

Hagamos SIEMPRE a un lado la comodidad de imaginar que la enfermedad ha desaparecido para no sentir ni preocuparnos por su dolor.

Evitemos caer en actitudes mentales, de negación y defensa, que nos llevan a ignorar no sólo la enfermedad, sino al enfermo. Cuando el o los que lo cuidan, por demostrar fortaleza lo tratan como si no tuviera nada, se los digo por experiencia, se siente una gran soledad, incomprensión y hasta culpa por estar así "haciendo sufrir a quienes nos quieren".

Creámosle a nuestro enfermo. ¿Cuántos de nosotros lo escuchamos hablar de los síntomas de su padecimiento o de su lenta recuperación creyendo que se "chiquea", exagera, tiene poca disposición para mejorar?... como si todo dependiera de él. Tal vez de esa manera busca darle un manejo adecuado a su situación, haciéndola consciente poco a poco cada vez que se escucha a sí mismo.

Enfrentemos la realidad con quien la padece, hablando de la enfermedad, de los síntomas, de sus miedos, de los sentimientos que emergen... puede ser liberador y saludable emocional y espiritualmente. Dar con plenitud nuestro tiempo, nuestro ser, compañía, cosas importantes en esos momentos.

Hagamos lo necesario para no tener que preguntarnos después: "¿podía yo haber hecho más por él, por ella?".

Aceptar la realidad puede aliviar el dolor de la partida pues, al vislumbrar y aceptar todas las posibilidades de desenlace permite estar más con la persona, como mamá, esposa, hermano, hijo, etc., dándole la ternura, amistad, cuidados amorosos, apapachos, que todo enfermo necesita aún más que las medicinas y remedios que buscamos para devolverle la salud.

Aferrarnos a nuestro milagro, nos hace perder la oportunidad de llenar nuestro ser con los últimos momentos de su vida. Si pudieran sentir la opresión que deja en el corazón, el vacío creado al negar lo evidente, harían lo posible por evitarlo; acariciando, abrazando, tomando su mano, rezando o cantando más.

Hay tantas cosas que uno puede dar de sí mismo, además de remedios y medicinas. Tratar de conocerlos más, saber más de sus vivencias positivas y negativas, de sus pensamientos e ideales. Eso tal vez llenará un pequeño espacio del vacío que queda.

Y si tienen la alegría de ver a su ser querido, momentánea o definitivamente, superando su enfermedad, no lo traten como si nunca la hubiera tenido, pues aún cuando es cierto que no queremos sentirnos más enfermos y ser tratados como incapacitados o con lástima; tampoco es agradable que olviden la necesidad de afecto y la sensibilidad a flor de piel que se tiene durante el proceso de recuperación, tan distinto en cada caso, como distintas las personas somos.

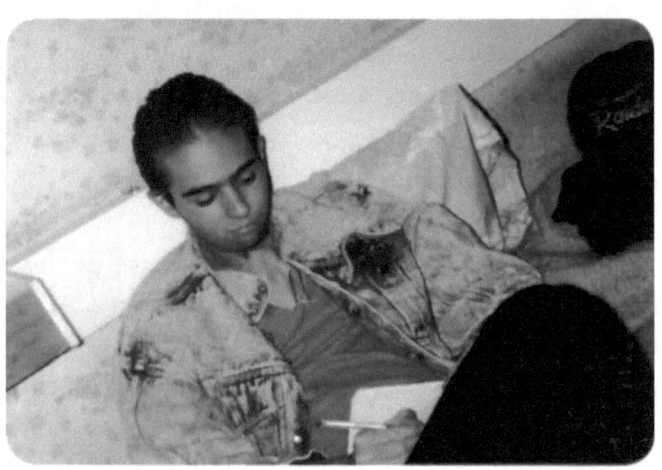

ORACIÓN, ORACIÓN, ORACIÓN

Podemos pensar que orar es una solución aburrida, cansada, que requiere de nuestro tiempo y concentración, pero no tiene que ser así; *nuestro trabajo ofrecido y hecho con amor es oración; *una palabra amable en lugar de un grito contenido es oración; *aceptación en lugar de queja es oración; *un «Jesús yo confío en ti» es oración; *pedir la protección y luz de María, Dios Padre, los Ángeles o nuestro santo preferido mientras manejamos, pensamos, trabajamos, caminamos, es oración; *dejar todo en manos de Dios confiando en su Sabiduría, soltando el control del resultado es oración. Hacerlo con paciencia y constancia, nos asegura que todo sea más fácil, de acuerdo con lo que Dios tiene preparado.

La enfermedad de Gerardo nos dejó mucha enseñanza espiritual, compartir su sufrimiento con Jesús fue la forma que adoptó para transformarlo. Sólo Él pudo darle la fortaleza y paz que reflejaba.

Israel decía: Jesús no prometió quitar las piedras de nuestro camino, prometió tendernos la mano para levantarnos cuando tropezáramos.

Yo respondo, cuando me preguntan cómo he podido pasar por tanto y seguirá delante, «Es Dios mi Padre quien me sostiene» y tengo una oración preferida alusiva a los «cuatro fantásticos»:

"No tengo nada por qué temer, el amor de Dios nos envuelve a mí y a los míos, Jesús nos toma de la mano y nos muestra el camino, nuestra madre María nos protege bajo su manto, el Espíritu Santo nos ilumina".

Y DESPUÉS...

No debemos arrepentirnos por lo hecho, ni reclamarnos por lo no hecho. Es nuestro deber perdonarnos sabiendo que a pesar de lo omitido, todo lo que hicimos fue por amor a ellos y por nuestro deseo de que siguieran viviendo.

No se limiten, vivan con intensidad cada instante. Busquen una mejor relación familiar, espontánea y sincera comunicación, hablando de lo sucedido sin culpas ni remordimientos, expresando abiertamente emociones y sentimientos, respetando el tiempo de duelo de cada uno sin juicios. La aceptación optimista de la voluntad de Dios, llegará en parte, como consecuencia y satisfacción por haber compartido plenamente sus últimos momentos.

Si quieren respuestas seguramente las encontrarán en Dios, sólo Él es quien da la fortaleza para continuar. Como creyente siempre he tratado de escuchar su mensaje en todos los sucesos importantes de mi vida.

Descubran y sientan la presencia de quien ya no está físicamente, a través de signos claros y muy significativos, como un solitario lucero, cielos especialmente iluminados, un colibrí o una mariposa, una canción o aroma que nos hace recordarlos...

Buscar signos de su presencia entre nosotros, nos puede confortar, dar paz y hasta felicidad. Es como compartir con ellos su bienestar ante la maravilla de gozar la presencia de Dios.

¿Y los que siguen vivos?... dónde estaban mis otros hijos en el velorio de Gerardo e Israel, ¿por qué no los veo en las memorias de esos días?, ¿por qué no los recuerdo junto a mí si estaban presentes? lo sé con certeza aunque no encuentre su imagen en mi mente.

No los veo porque en ese momento mi mundo estaba centrado en quien ya no estaba y no estaría más conmigo, y que seguramente, también ellos lloraban y extrañaban. Cómo me gustaría poder evocar su presencia consoladora junto a mi en lugar de sólo recordar la funeraria, el velatorio, el ataúd, él cuerpo inerte, la gente sin rostro, las filas interminables de abrazos.

Si tuviéramos bajo control nuestra mente y fuera nuestra aliada en ese momento nos aconsejaría abrazarnos con los que amamos, llorar juntos y consolarnos mutuamente en lugar de atizar el sufrimiento con pensamientos de lo perdido.

Así perdemos la vida agonizando por lo que ya no está o estará, sin abrazar lo que tenemos frente a nosotros, sin sentir su presencia, sumergidos en la obscuridad, sin darnos cuenta de que sólo con levantar lavista veríamos la Luz que emana de quienes con amor esperan compartir nuestro dolor y sanar juntos la herida.

Cerrar el círculo de sufrimiento en cada situación difícil o traumática es importante y necesario, teniendo en cuenta que cerrar no significa olvidar; significa aprender a recordar sin sufrir, con dolor por la despedida definitiva pero con tranquilidad por la esperanza de mejor vida para ellos disfrutando de la presencia de Dios, lejos de hospitales y tratamientos y siempre, muy cerca de nosotros.

www.ingramcontent.com/pod-product-compliance
Lightning Source LLC
LaVergne TN
LVHW041542060526
838200LV00037B/1107